BEI GRIN MACHT SICH IHR WISSEN BEZAHLT

AF 136266

- Wir veröffentlichen Ihre Hausarbeit,
  Bachelor- und Masterarbeit

- Ihr eigenes eBook und Buch -
  weltweit in allen wichtigen Shops

- Verdienen Sie an jedem Verkauf

Jetzt bei www.GRIN.com hochladen und kostenlos publizieren

Roland Mersch

Artikel 12 Grundgesetz - Berufsfreiheit

GRIN Verlag

Bibliografische Information der Deutschen Nationalbibliothek:

Die Deutsche Bibliothek verzeichnet diese Publikation in der Deutschen National-
bibliografie; detaillierte bibliografische Daten sind im Internet über http://dnb.d-
nb.de/ abrufbar.

Impressum:

Copyright © 2005 GRIN Verlag GmbH
Druck und Bindung: Books on Demand GmbH, Norderstedt Germany
ISBN: 978-3-656-56158-3

Dieses Buch bei GRIN:

http://www.grin.com/de/e-book/40926/artikel-12-grundgesetz-berufsfreiheit

GRIN - Your knowledge has value

Der GRIN Verlag publiziert seit 1998 wissenschaftliche Arbeiten von Studenten, Hochschullehrern und anderen Akademikern als eBook und gedrucktes Buch. Die Verlagswebsite www.grin.com ist die ideale Plattform zur Veröffentlichung von Hausarbeiten, Abschlussarbeiten, wissenschaftlichen Aufsätzen, Dissertationen und Fachbüchern.

Besuchen Sie uns im Internet:

http://www.grin.com/

http://www.facebook.com/grincom

http://www.twitter.com/grin_com

Hochschule Vechta

Fachgruppe Interdisziplinäre Gerontologie

Seminar: Rechtliche Grundlagen (SoSe 2005)

Datum: 28.06.2005

Referatsausarbeitung zum Thema:

Art. 12 GG, Berufsfreiheit

Roland Mersch

Inhaltsverzeichnis:

Literaturverzeichnis:

1. **Hege, Hans** - Das Grundrecht der Berufsfreiheit im Sozialstaat - Schriften zum öffentlichen Recht Band 326 - Duncker & Humbolt, Berlin 1977

2. **Hemmer / Wüst / Christensen** - Juristisches Repetitorium - 2. Auflage, 1997

3. **Jarass / Pieroth** - Grundgesetz für die Bundesrepublik Deutschland - Verlag C.H. Beck München, 4. Auflage, 1997

4. **Löw, Konrad** - Die Grundrechte - UTB Verlag München 1977

5. **Pieroth / Schlink** - Grundrechte Staatsrecht II - 18. neubearbeitete Auflage, Schwerpunkte C.F. Müller, 2002

6. **Seifert, Karl-Heinz / Hömig Dieter (Hrsg.)** - Grundgesetz für die Bundesrepublik Deutschland - Taschenkommentar 4. Auflage, Nomos 1994

7. **Stein, Ekkehart** - Staatsrecht - 12. Auflage - 1990

8. **Weber-Fas, Rudolf** - Lexikon - UTB Mohr Siebeck

1 Einleitung - Historischer Abriss zur Berufsfreiheit

Aus historischer Sicht ist das Gesetz der Berufsfreiheit auf den Kampf um die Gewerbefreiheit zurückzuführen. Die Gewerbefreiheit wurde erstmals in der Gewerbeordnung des Norddeutschen Bundes 1869 gesetzlich verankert und später auf das gesamte Deutsche Reich ausgeweitet und zum Gesetz erhoben. Die Gewerbeordnung (GewO) von 1869 war zum damaligen Zeitpunkt durch Reichs- oder Landesgesetze beschränkbar.[1] Die Paulskirchenverfassung[2] von 1849, umfasste eine Freiheit der Berufswahl, welche nur noch durch Reichgesetze einzuschränken war. Daneben umfasste Art. 151 III WRV die Freiheit des Handels und Gewerbes.[3]

Das heutige Grundrecht der Berufsfreiheit gilt gleichermaßen für Unternehmer sowie für abhängig beschäftigte Arbeitnehmer, aber auch für freie Berufe und auch für die Berufe aus den Bereichen des Bergbaus und der Landwirtschaft.[4] Ein ursprünglich kapitalistisches Grundrecht wurde somit ein für alle Schichten der Bevölkerung geltendes Freiheitsrecht.[5]

2 Allgemeine Bedeutung der Berufsfreiheit

Der Artikel 12 des Grundgesetzes (Absatz 1, Satz 1 und 2) schützen die freie Berufs- und Ausbildungswahl, ebenso wie die Berufsausübung selbst. Der Absatz 1 des Artikels 12 ist ein einheitliches Grundrecht, geschützt wird die Berufsfreiheit im Ganzen.[6]

Das Grundrecht der Berufsfreiheit wird oftmals dann zitiert, wenn von Beschäftigungs- und Arbeitsmarktpolitik die Rede ist. Es gewinnt immer dann an Aktualität, wenn von Arbeitslosigkeit und Mangel an Arbeitsplätzen gesprochen wird und diese Thematik Mittelpunkt der Diskussion darstellt. Es herrscht in den Augen vieler somit eine Diskrepanz zwischen der grundgesetzlichen Proklamation einer-

---

[1] Art. 111 WRV (WRV vom 11.8.1991)
[2] Die Verfassung des Deutschen Reichs wurde am 28. März 1849 in der Paulskirche zu Frankfurt am Main von der verfassungsgebenden deutschen Nationalversammlung beschlossen. Aufgrund des Tagungsortes der Nationalversammlung wird sie als "Paulskirchenverfassung" bzw. als "Frankfurter Reichsverfassung" bezeichnet.
[3] vgl. STEIN, Ekkehart – Staatsrecht, Seite 266
[4] vgl. WEBER-FAS, Rudolf – Lexikon, Seite 23
[5] vgl. STEIN, Ekkehart – Staatsrecht, Seite 266

seits und den tatsächlichen Möglichkeiten einen Beruf, eine Ausbildungsstätte oder einen Arbeitsplatz nach den individuellen Wünschen zu wählen, andererseits.[7]

Der Artikel 12 ist jedoch ausschließlich ein Abwehrrecht. Es wird kein subjektiv-öffentliches Recht auf Arbeit oder auf die Schaffung von Arbeitsplätzen gewährt. Des Weiteren verbietet dieser Grundgesetzartikel den Arbeitszwang, also die Heranziehung zu einer bestimmten Arbeit im Einzelfall, die nicht für alle Personen allgemein geregelt ist. Zudem gewährt dieses Grundrecht einen Schutz vor der Zwangsarbeit, d.h. vor der Inanspruchnahme der Arbeitskraft für unbestimmte Zeit. Im Zusammenhang mit Art. 12 GG stellt Art. 12a GG die verfassungsmäßige Grundlage für die Wehrpflicht und den Zivildienst dar, der sonst unter den Arbeitszwang fallen würde.[8]

3 Schutzbereich

Der Schutzbereich der Berufsfreiheit als einheitliches Grundrecht wird weit ausgelegt. Beruf ist jede Tätigkeit, die auf Dauer angelegt ist und dem Lebensunterhalt dient. Dabei ist es umstritten, ob Beruf nur eine erlaubte Tätigkeit ist oder ob auch verbotene Tätigkeiten darunter fallen.[9]

Das BVerfG sieht jedoch dann eine Tätigkeit als Beruf an, wenn diese nicht schlechthin von der Gemeinschaft als sozialschädlich betrachtet wird. Durch diese weite Auslegung fallen also auch atypische Berufe unter Art. 12 GG. Es ist auch nicht relevant, ob die Tätigkeit den Lebensunterhalt voll finanzieren kann, auch Nebenjobs fallen unter Art. 12 GG. Art. 12 GG schützt die freie Wahl eines Berufs, das Recht zur Beendigung (da eine Beendigung mitunter die Wahl eines neuen Arbeitsverhältnisses bedeutet), die Ausübung des Berufs, die freie Wahl des Arbeitsplatzes und der Ausbildungsstätte.[10]

Der Schutzbereich umfasst aber nicht das Recht, dass der Beruf tatsächlich auf Dauer ausgeübt werden kann oder dass keine Beeinträchtigung von staatlicher Konkurrenz vorliegt. Satz 1 des Artikels 12 GG Absatz 1 schützt die Freiheit der

---

[6] vgl. HEGE, Hans – Das Grundrecht der Berufsfreiheit im Sozialstaat, Seite 11
[7] ebd.
[8] vgl. SEIFERT, Karl-Heinz / HÖMIG Dieter (Hrsg.) Grundgesetz für die Bundesrepublik Deutschland, Taschenkommentar, Seite 118f
[9] ebd.
[10] vgl. PIEROTH / SCHLINK – Grundrechte Staatsrecht II, Seite 201

Wahl des Berufes, der Wahl des Arbeitsplatzes und der Wahl der Ausbildungsstätte. Entsprechend den Abschnitten der Berufswege, beginnend mit Ausbildung, der Entscheidung für den erlernten Beruf und die Ausübung des erlernten Berufes.

Die Schutzbereiche stehen selbstständig nebeneinander, das heißt, die Ausbildungsstätte wird geschützt unabhängig davon, ob sie in die spätere Berufsausübung mündet. Satz 2 des Absatzes 1 schließt mit einem Reglungsvorbehalt für die Berufsausübung an. Absatz 2 und 3 verbürgen nur die nicht oder nur unter besonderen Vorraussetzungen einschränkbare Freiheit von Arbeitszwang und Zwangsarbeit.

Die Freiheit der Berufs- und Arbeitsplatzwahl ist entscheidender, als die Freiheit, welche Arbeitsleistungen man erbringen und wie man seine Arbeitskraft einsetzen will. Sonst würden die Absätze 2 und 3 überflüssig sein.[11]

4 Grundrechtsträger

Grundrechtsträger sind ausschließlich Deutsche. Für Ausländer trifft kann in diesem Zusammenhang Artikel 2, Absatz 1 GG Anwendung finden. Inländischen juristischen Personen des Privatrechts garantiert Artikel 12, Absatz 1 in Verbindung mit Art. 19, Absatz 3 die Freiheit, eine Tätigkeit auszuüben, die Erwerbszwecken dient; beispielsweise ein Gewerbe zu betreiben, insoweit diese Erwerbstätigkeit von einer juristischen Person oder auch von einer natürlichen Person in gleicher Art und Weise auszuführen ist.[12]

Der Art. 12 ist ein „lex spezialis" für das Gebiet des Berufsrechts. Dies bedeutet in Bezug auf das Verhältnis zu anderen Grundrechten einen grundsätzlichen Vorrang.[13][14]

5 Definition des Berufes

Nach PIEROTH und SCHLINK ist der Berufbegriff weit dehnbar. Er umfasst nicht nur traditionell fixierte Berufsbilder, sondern auch neuentstandene und frei erfun-

---

[11] vgl. PIEROTH / SCHLINK – Grundrechte Staatsrecht II, Seite 201
[12] vgl. SEIFERT , Karl-Heinz / HÖMIG Dieter (Hrsg.) Grundgesetz für die Bundesrepublik Deutschland, Taschenkommentar, Seite 118
[13] ebd.
[14] auch gegenüber Art. 2 und Art. 12 II

dene Berufe. Als Einschränkung ist nur zu erwähnen, dass diese Berufsbilder keinerlei verbotene Handlungen einschließen dürfen. Die beruflichen Handlungen sollen nicht sozial- oder gemeinschaftsschädlich sein, oder dem Menschenbild des Grundgesetzes widerstreiten. Dahinter steht der Gedanke, dass nicht der Berufsbegriff zur Disposition bei dem Gesetzgeber steht, und diesem somit nicht zu gestatten ist, durch ein Verbot einen Beruf einfach aus dem Schutzbereich von Artikel 12 Abs. 1 auszuschließen, und diesen Maßstab zu entziehen.[15]

Beispielsweise ist Taschendieb kein Beruf im Sinne von Art. 12 Abs. 1. Solche Handlungen sind strafbar, unabhängig davon ob sie professionell und andauernd durchgeführt wurden. Anders aber ist der Sachverhalt bei dem jemand, der durch Schwarzarbeit, eine Wohnung renoviert. Dies ist eine erlaubte Tätigkeit, jedoch in Verbindung mit dem nicht Entrichteten der steuer- sozialversicherungsrechtlichen Abgaben. Es liegt ein Beruf vor nach Art. 12 Abs. 1, jedoch ohne Abgaben.

Ein Beruf im Sinne des Grundgesetzes ist demzufolge jede sittlich erlaubte, auf Dauer angelegte, die Erzielung von Einnahmen bezweckende Tätigkeit[16] Oder anders ausgedrückt: jede wirtschaftlich sinnvolle, erlaubte, in selbstständiger oder unselbstständiger Stellung ausgeübte Tätigkeit, die für den Grundrechtsträger sowohl Lebensaufgabe als auch Lebensgrundlage darstellt.[17] Dies ist allerdings nicht eng zu verstehen. Auch Gelegenheitsjobs und Ferienjobs sowie das auf Probe eingegangene Beschäftigungsverhältnis sind Berufe. Einmalige Beschäftigungen zählen jedoch nicht dazu. Großzügig sollte auch verstanden werden, dass das nebenberufliche Beschäftigungsverhältnis zur Schaffung und Erhaltung der Lebensgrundlage dienen soll. Gelegenheits- oder Ferienjobs tragen zur Schaffung und Erhaltung der Lebensgrundlage bei, denn derartige Tätigkeiten sind mehr als ein Hobby.[18]

Geschützt ist die selbstständige und unselbständige Berufsausübung, z. B. als Apotheker im eigenen wie im fremden Betrieb.[19] Die geschützte Berufsfreiheit beginnt mit der Entscheidung einen Beruf zu ergreifen, und schützt auch jene, die ohne Beruf bleiben und beispielsweise von ihrem Vermögen leben möchten, was mit dem Ausdruck der negative Berufsfreiheit umschrieben wird. Der Gesetzgeber hat Typisierungs- und Fixierungskompetenzen zugestanden, beispielsweise die

---

[15] vgl. PIEROTH / SCHLINK – Grundrechte Staatsrecht II, Seite 202
[16] vgl. WEBER-FAS, Rudolf – Lexikon, Seite 23
[17] vgl. SEIFERT , Karl-Heinz / HÖMIG Dieter (Hrsg.) Grundgesetz für die Bundesrepublik Deutschland, Taschenkommentar, Seite 119
[18] vgl. PIEROTH / SCHLINK – Grundrechte Staatsrecht II, Seite 203

Erfordernis einer Meisterprüfung vor einer selbstständigen Niederlassung als Handwerker.[20] In diesem Zusammenhang sei nur kurz auf die aktuelle öffentliche Diskussion bzgl. des sog. Meisterzwangs hingewiesen.

Im Art. 12 Abs.1 wird nicht von einer freien Wahl und auch nicht von einer freien Durchführung der Ausbildung gesprochen, sondern von einer freien Wahl der Ausbildungsstätte. Nach dem Bundesverfassungsgericht ist dieser Aspekt ein „Abwehrrecht gegen Freiheitsbeschränkungen im Ausbildungswesen". Frei ist ebenfalls die Entscheidung gegen jede Ausbildung. Ausbildungsfreiheit ist nicht mit dem Anspruch auf kostenlose Ausbildung gleichzusetzen.[21] Ausbildung ist auch nicht mit Bildung gleichzusetzen. Zum Inhalt der Bildung kann alles werden, was geistig erworben werden kann. Genauso wie die Inhalte der Bildung sind auch die Ziele offen. Ausbildung richtet sich nach einer berufsbezogenen Qualifikation, dieses Ziel bestimmt demnach auch den Inhalt der Ausbildung.[22] Die Freiheit der Wahl der Ausbildungsstätte kann also demnach auch nicht ohne Einschränkungen verwirklicht werden. Beispielsweise wenn die Nachfrage größer als das Angebot ist wie bei Studienplätzen. LÖW stellt die Frage zur Diskussion, ob überhaupt eine Pflicht bestünde neue Universitätsgebäude zu schaffen, um den Wünschen der Abiturienten nachzukommen, wenn klar ist, dass wegen des Geburtenrückgangs kein Bedarf an einer derartigen Quantität von Akademikern geben wird. Die Gebäude müssten dann bereits nach kurzer Zeit wieder zweckentfremdet werden.[23]

Der Arbeitsplatz, ist die Stätte, an der eine berufliche Tätigkeit ausgeführt wird, sei es durch selbstständige oder unselbstständige Arbeit. Frei ist auch die Entscheidung über die Wahl, den Wechsel, die Beibehaltung oder die Aufgabe des Arbeitsplatzes. Bei abhängig Beschäftigten umfasst das Grundrecht auch den Zutritt zum Arbeitsmarkt und die Wahl des Vertragspartners, also des Arbeitgebers. Das Recht der Berufsfreiheit ist ein Freiheitsrecht, kein Sozialrecht. Der Einzelne hat demnach keinen Anspruch darauf, dass ihm ein Arbeitsplatz seiner Wahl zur Verfügung gestellt wird.

---

[19] vgl. WEBER-FAS, Rudolf – Lexikon, Seite 23
[20] vgl. HEMMER / WÜST / CHRISTENSEN – Juristisches Repetitorium, Seite 139
[21] vgl. PIEROTH / SCHLINK – Grundrechte Staatsrecht II, Seite 204
[22] vgl. PIEROTH / SCHLINK – Grundrechte Staatsrecht II, Seite 205
[23] vgl. LÖW, Konrad – Die Grundrechte, Seite 345

6 Eingriffe in den Schutzbereich

Als Eingriffe in das einheitliche Recht der Berufsfreiheit kommen beeinträchtigende Maßnahmen gegenüber allen vom Schutzbereich umfassten Verhaltensweisen in Betracht. Besondere Bedeutung hat hier die Unterscheidung zwischen Ausübungsregeln sowie subjektiven und objektiven Zulassungsbeschränkungen:[24]

1. **Ausübungsvorschriften** regeln wie ein Beruf ausgeübt werden muss.

2. **Subjektive Zulassungsbeschränkungen** machen die Berufsausübung von subjektiven Anforderungen an den Bewerber abhängig, insbesondere an den Nachweis bestimmter fachlicher Befähigungen, Eigenschaften und Leistungsnachweisen.

3. **Objektive Zulassungsbeschränkungen** binden die Wahl eines Berufes an Vorraussetzungen, die mit der Person des Bewerbers nichts zu tun haben. Als solche kommen Bedürfnisklauseln, Errichtungsverbote und Höchstzahlen in Betracht.[25]

Nach dem Wortlaut des Artikels 12 kann die Berufsausübung gesetzlich geregelt werden. Dies lässt den Schluss vermuten, dass die Berufswahl keinen gesetzlichen Schranken unterliegt. Jedoch müssen für eine Reihe von Berufen persönliche Qualifikationen vorliegen, denn ernste Gefahren für Leib und Wohl der Bevölkerung, oder eine Störung der öffentlichen Ordnung dürfen nicht riskiert werden (z.B.: Ärzte, Statiker, usw.). Mitunter müssen selbst objektive Zulassungsvoraussetzungen hingenommen werden, die nicht den Bewerber betreffen. Nur die Abwehr schwerer Gefahren für ein wichtiges Gemeinschaftsgut kann diese Eingriffe in die Berufsfreiheit rechtfertigen.[26]

Es findet eine Unterteilung in Ausübungsaspekt und Wahlaspekt statt. Der Eingriff, der die Berufsfreiheit, in einem Wahlaspekt betrifft wird durch die Wahl an subjektive oder objektive Zulassungsvoraussetzungen geknüpft. Man unterscheidet diese Eingriffe, da sie verschiedene Intensitäten aufweisen und unter verschiedenen hohen Rechtfertigungsanforderungen stehen. Objektive Zulassungsschranken verlangen, um einen Beruf erlangen zu können, die Erfüllung objektiver, dem Einfluss des Berufswilligen entzogener und von seiner Qualifikation unabhängige

---

[24] vgl. HEMMER / WÜST / CHRISTENSEN – Juristisches Repetitorium, Seite 141
[25] ebd.
[26] vgl. LÖW, Konrad – Die Grundrechte, Seite 344

Kriterien. Dazu gehört besonders die Bedürfnisklausel. Diese Differenzierung wird auch als Apothekenurteil bezeichnet.

Abbildung: Drei-Stufenlehre nach BVerfGE 7, 377 – Apothekenurteil

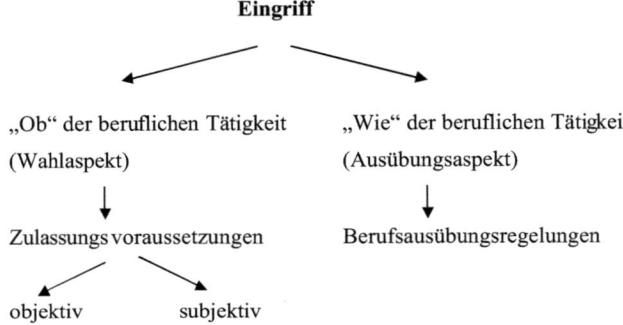

Der Zugang zu Staatsdiensten und zu bestimmten staatlich gebundenen Diensten wird ebenfalls durch objektive Zulassungsbeschränkungen reglementiert; d.h. wenn die verfügbaren Stellen keine Kapazitäten mehr aufzeigen, bleibt selbst den qualifiziertesten Bewerbern der Zutritt zu einem derartigen Amt verwehrt.[27]

Nach Artikel 12 I 2 GG kann die "Berufsausübung" durch Gesetz eingeschränkt werden. Nach dem Urteil des BVerfG (Apotheken-Urteil) ist aber anerkannt, dass sich die Schranke des Artikel 12 I 2 GG nicht nur auf die Berufsausübung bezieht, sondern auch auf die Wahl des Berufs und der Ausbildungsstätte, also auch auf Artikel 12 I 1 GG. Ein Gesetz, welches die Berufsfreiheit einschränkt, muss verhältnismäßig sein, dies ergibt sich aus dem Rechtsstaatprinzip. Da ein Eingriff in die Berufsausübung oder in die Berufswahl sich aber unterschiedlich stark auf den Betroffenen auswirkt, wurde speziell für Art. 12 I GG ein eigener Verhältnismäßigkeitsgrundsatz entwickelt (sog. Dreistufenlehre).[28]

Eingriffe in die Berufsfreiheit müssen einen legitimen Zweck verfolgen und zur Erreichung eines Zwecks geeignet sein. Die Stufenlehre verlangt weiterhin, dass der Eingriff zur Erreichung des Zwecks notwendig ist, und zur Bedeutung des Zwecks in angemessenem Verhältnis steht. Um Notwendigkeit und Angemessen-

---

[27] PIEROTH / SCHLINK – Grundrechte Staatsrecht II, Seite 205 bis 208
[28] ebd.

heit zu bestimmen wird eine Unterscheidung in drei Eingriffstufen vorgenommen.[29]

Dreistufentheorie und Verhältnismäßigkeitsprüfung
(vgl. Pieroth/Schlink, Rn. 846-861)

Verhältnismäßigkeit	Dreistufentheorie (BVerfGE 7, 377)
Legitimer Zweck: Feststellung des vom Gesetzgeber verfolgten Zwecks	Legitimer Zweck: Feststellung des vom Gesetzgeber verfolgten Zwecks
Geeignetheit: es muß möglich sein, daß das Mittel den Zweck fördert	Geeignetheit: es muß möglich sein, daß das Mittel den Zweck fördert
Erforderlichkeit: es darf kein gleich wirksames, milderes Mittel geben (Einschätzungsprärogative des Gesetzgebers)	Erforderlichkeit: 1. keine gleich wirksame Regelung auf niedrigerer Eingriffsstufe: • *Berufsausübungsregelung* • *Subjektive Zugangsbeschränkung* • *Objektive Zugangsbeschränkung* 2. auch sonst kein gleich wirksames, milderes Mittel auf derselben Eingriffsstufe
Angemessenheit: die Beeinträchtigung durch das Mittel darf zur Bedeutung des Zwecks nicht außer Verhältnis stehen (Güterabwägung)	Angemessenheit: innerhalb der Güterabwägung (Mittel-Zweck-Relation) bedarf es eines besonders qualifizierten Zwecks • *Berufsausübungsregelung:* vernünftige Erwägungen des Gemeinwohls • *Subjektive Zugangsbeschränkung:* zwingendes Erfordernis zum Schutz besonders wichtiger Gemeinschaftsgüter • *Objektive Zugangsbeschränkung:* Schutz überragend wichtiger Gemeinschaftsgüter gegen nachweisbare oder höchstwahrscheinliche schwere Gefahren

6.1 Berufsausübungsregelungen

Ein Eingriff in die Berufsausübung bedarf zu seiner Rechtfertigung nur vernünftiger Erwägungen des Gemeinwohls. Es handelt sich hier um den geringsten Eingriff, da nur die Modalitäten der Berufsausübung geregelt werden. Es besteht ein Subsidiaritätsverhältnis. Eine Zulassungsbeschränkung wird folglich erst angewandt, wenn eine Ausübungsregel das gesetzgeberische Ziel nicht mehr erreichen kann, eine objektive erst, wenn die subjektive nicht ausreicht. Für Ausübungsre-

---

[29] vgl. PIEROTH / SCHLINK – Grundrechte Staatsrecht II, Seite 210

geln müssen nur vernünftige Erwägungen des Allgemeinwohls diese zweckmäßig erscheinen lassen, wobei der Gesetzgeber einen relativ weiten Gestaltungsspielraum hat. Es gelten die Bedingungen und Modalitäten, unter welchen sich die berufliche Tätigkeit vollzieht. Das heißt, es besteht die Frage, ob der erlernte Beruf überhaupt auszuführen ist. Beziehungsweise, ob das was unter Beruf verstanden wird auch im Gemeinwohl als Beruf definiert wird.[30]

6.2 Subjektive Zulassungsbeschränkungen

Subjektive Zulassungsbeschränkungen liegen dann vor, wenn der Gesetzgeber an die Wahl des Berufs bestimmte Voraussetzungen vorgibt, auf deren Erfüllung aber der Betroffene Einfluss hat. Dies sind z.b. erfolgreich abgelegte Prüfungen, persönliche Eigenschaften sowie das Fehlen von Vorstrafen. Es handelt sich hierbei nur um eine mittlere Beeinträchtigung der Berufsfreiheit, daher genügen als Rechtfertigung für die Zulassungsbeschränkung zwar keine "vernünftigen Erwägungen", sondern es müssen "wichtige Erwägungen" des Gemeinwohls für die Beschränkung sprechen. Subjektive Zulassungsregeln müssen dem Schutz wichtiger Gemeinschaftsgüter dienen.[31]

6.3 Objektive Zulassungsbeschränkungen:

Um eine objektive Zulassungsbeschränkung bzgl. der Wahl des Berufs oder der Ausbildungsstätte handelt es sich, wenn der Gesetzgeber Voraussetzungen normiert, die nicht mehr im Einflussbereich des Betroffenen liegen.

Hierbei handelt es sich um die gewichtigste Beschränkung der Berufsfreiheit, daher muss ein Eingriff durch "überragend wichtige Erwägungen" des Gemeinwohls gerechtfertigt sein. Da ein Eingriff in die Berufsausübung nur ein Eingriff in das "Wie" darstellt, muss er weniger gerechtfertigt werden als ein Eingriff in das "Ob" der Berufswahl. Objektive Zulassungsschranken sind nur durch den Schutz überragend wichtiger Gemeinschaftsgüter gegen nachweisbare oder höchstwahrscheinlich schwere Gefahren gerechtfertigt. Darunter versteht man zum Beispiel die Beschränkung der Niederlassung von Ärzten.[32]

---

[30] vgl. PIEROTH / SCHLINK – Grundrechte Staatsrecht II, Seite 210
[31] ebd.

Die zuvor erwähnten drei Stufen sind nur ein Indiz für die Eingriffintensität.[33]
Bei Vorschriften, die zur Aufgabe eines Berufes führen, verhält sich die Rechtsprechung schwer. Eingriffe erfolgen durch die Festsetzung der Altersgrenze und eine Anordnung zur sofortigen Vollziehung des Widerrufs der Approbation bei Ärzten.

In Bezug auf die Berufsausübung[34] ist zu beachten, dass auch ein Eingriff in die Berufsausübung, der eigentlich schon durch "vernünftige Erwägungen des Gemeinwohls" gerechtfertigt werden kann, sich faktisch wie ein Eingriff in die Berufswahl darstellen kann. Werden Berufsausübungsmodalitäten nämlich so gewählt, dass bei einem Nichterfüllen die Weiterführung des Berufs verboten wird, liegt ein Eingriff in die Berufswahl vor, weil das Zugelassenbleiben im Beruf unmöglich gemacht wird (z.B. Hebammen-Fall): Es wurde eine Höchstaltersgrenze für Hebammen eingeführt, ab Überschreiten der Höchstaltersgrenze wurde die Berufsausübung verboten. Eigentlich liegt nur eine Regelung der Modalitäten der Berufsausübung vor, faktisch wird dem Betroffenen bei Erreichen des Höchstalters aber seine Berufswahl zunichte gemacht. Daher muss sich das eingreifende Gesetz an der 2. und 3. Stufe orientieren. Mit einer Altersbeschränkung liegt aber nicht eine objektive Beschränkung der Berufswahl vor, obwohl man auf sein Alter keinen Einfluss hat. Vielmehr liegt nach h.M. eine subjektive Zulassungsbeschränkung vor (2. Stufe), weil mit Erreichen eines bestimmten Alters die erforderliche Leistungsfähigkeit nicht mehr vorliegt, welche ein subjektives Merkmal ist. Daher muss als Rechtfertigung eine "wichtige Erwägung des Gemeinwohls" vorliegen, hier dürfte der Schutz der Neugeborenen vor Fehlern gewichtig genug sein.[35]

6.4 Eingriffe in die Ausbildungsfreiheit

Die freie Wahl der Ausbildungsstätte ist eine notwendige Bedingung für die Berufsfreiheit, denn könnte die Wahl der Ausbildungsstätte beliebig beschränkt werden, wäre die Berufsfreiheit als solche umgangen. Deshalb bedeutet ein Eingriff in die freie Wahl der Ausbildungsstätte auch einen Eingriff in die freie Berufs-

---

[32] vgl. PIEROTH / SCHLINK – Grundrechte Staatsrecht II, Seite 210
[33] vgl. HEMMER / WÜST / CHRISTENSEN – Juristisches Repetitorium, Seite 143
[34] vgl. Kapitel 6.1
[35] vgl. PIEROTH / SCHLINK – Grundrechte Staatsrecht II, Seite 210ff

wahl, daher muss sich ein Eingriff auch an der 2. und 3. Stufe rechtfertigen (z.B.

numerus clausus):

Die Zugangsbeschränkung zu Universitäten mit Hilfe eines numerus-clausus zu regeln, kommt einem Eingriff in die freie Wahl des Berufs gleich, daher muss zumindest ein "wichtiges Gemeingut" als Rechtfertigung vorliegen (numerus-clausus ist subjektive Zulassungsbeschränkung, da der Betreffende durch seine Vorleistungen wie Abitur darauf Einfluss hat). Ein numerus-clausus ist nach einer Entscheidung des BVerfG aber nur dann zulässig, wenn er die Funktionsfähigkeit der Hochschulen als überragend wichtiges Gut schützen soll, wenn die vorhandenen Kapazitäten vollständig ausgeschöpft wurden und sich der numerus-clausus an sachgerechten Kriterien orientiert (also z.B. nicht an der finanziellen Leistungsfähigkeit der Eltern).

Auch hier unterscheidet man in objektive Zulassungsbeschränkungen, subjektive Zulassungsvoraussetzungen und sonstige Reglungen. Objektive Zulassungsschranken bestehen durch den Numerus clausus. Subjektive Zulassungsvorrausetzungen regeln den Zugang und den Abgang von Ausbildungsstätten nach Maßgabe persönlicher Qualifikation. In das Ausbildungswesen wird weiterhin durch ausbildungsbezogene Reglungen über Arbeitszeit, Kündigungsschutz und Betriebsverfassung eingegriffen.[36]

---

[36] vgl. PIEROTH / SCHLINK – Grundrechte Staatsrecht II, Seite 208

6.5 Zusammenfassung: Dreistufentheorie

eigene vereinfachte Abbildung:

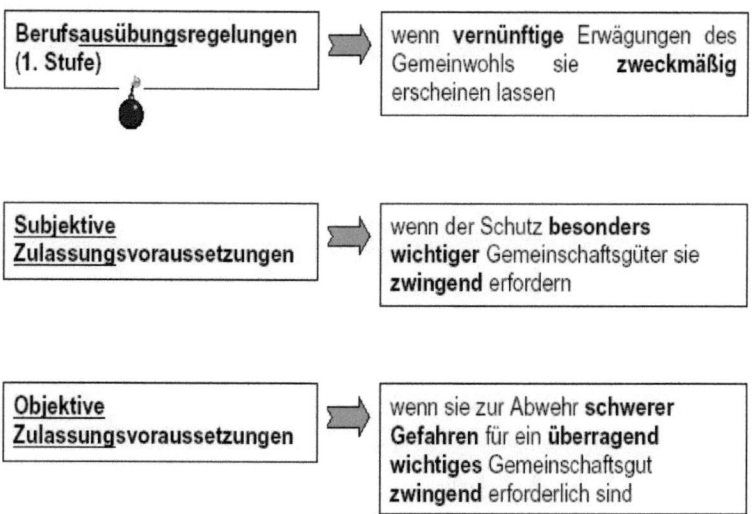

Verhältnismäßigkeit: 3-Stufen-**Stufentheorie**

Gerechtfertigt sind:

Berufsausübungsregelungen (1. Stufe)	⇒	wenn **vernünftige** Erwägungen des Gemeinwohls sie **zweckmäßig** erscheinen lassen

Subjektive Zulassungsvoraussetzungen	⇒	wenn der Schutz **besonders wichtiger** Gemeinschaftsgüter sie **zwingend** erfordern

Objektive Zulassungsvoraussetzungen	⇒	wenn sie zur Abwehr **schwerer Gefahren** für ein **überragend wichtiges** Gemeinschaftsgut **zwingend** erforderlich sind

6.5.1 Schranken

Einheitliches Grundrecht: Es genügt ein einfacher Gesetzesvorbehalt für Regelungen der Ausbildung, der Berufswahl und der Berufsausübung.

6.5.2 Schranken-Schranken

Die Drei-Stufen-Theorie (vgl. BVerfGE 7, 377 (405) – Apothekenurteil) stellt eine spezielle Ausprägung des Verhältnismäßigkeitsgrundsatzes dar:[37]

1. Stufe: Eingriffe in die Berufsausübungsfreiheit sind schon zulässig, wenn vernünftige Erwägungen des Allgemeinwohls dafür sprechen.

---

[37] vgl. PIEROTH / SCHLINK – Grundrechte Staatsrecht II, Seite 210

2. Stufe: Subjektive Berufszulassungsbeschränkungen (d.h. Abhängigkeit der Zulassung von der persönlichen Qualifikation) sind nur angemessen, wenn sie zum Schutz wichtiger Gemeinschaftsgüter erfolgen.

3. Stufe: Objektive Berufszulassungsbeschränkungen (d.h. Abhängigkeit der Zulassung von Voraussetzungen, die der Bewerber nicht beeinflussen kann) sind nur zulässig zum Schutz überragend wichtiger Gemeinschaftsgüter.[38]

7 Schutz vor Arbeitszwang und Zwangsarbeit

Dieses einheitliche Grundrecht konkretisiert den Grundsatz der Menschenwürde.[39] Unter Arbeitszwang versteht man den Zwang zu bestimmten einzelnen Arbeitsleistungen, unter Zwangsarbeit den Einsatz der gesamten Arbeitskraft in bestimmter Weise. Artikel 12 Abs. 2 und 3 GG garantiert die prinzipielle Freiheit von jedem Arbeitszwang. Es ist für jedermann gültig, anders als Absatz 1. Die Schranken – Schranken schützen die allgemeine Handlungsfreiheit gegen bestimmte Eingriffe. Der Verfassungsgeber erinnert hier an Zwangsarbeiten unter nationalsozialistischer und kommunistischer Diktatur.[40]

Unter Arbeitszwang und Zwangsarbeit versteht man Menschen, die ohne ihre Zustimmung zu einer Arbeit hoheitlich herangezogen werden, verpflichtet zu einer bestimmten Arbeit.[41]

Doch es gibt auch eng umgrenzte Ausnahmen wie beispielsweise den Artikel 12a, der die Wehrpflicht oder den Zivildienst beschreibt.[42]

---

[38] vgl. HEMMER / WÜST / CHRISTENSEN – Juristisches Repetitorium, Seite 143
[39] vgl. JARASS / PIEROTH – Grundgesetz für die Bundesrepublik Deutschland, Seite 310
[40] vgl. WEBER-FAS, Rudolf – Lexikon, Seite 23
[41] vgl. HEMMER / WÜST / CHRISTENSEN – Juristisches Repetitorium, Seite 144
[42] vgl. WEBER-FAS, Rudolf – Lexikon, Seite 23

8 Zusammenfassende Betrachtung des Grundrechtes der Berufsfreiheit (Art. 12 GG)

Grundrechtsschranke der Berufsfreiheit ist das die Berufsausübung (und Berufswahl) regelnde Gesetz nach Art. 12 I 2 GG. Insbesondere Gesetze mit berufsregelnder Tendenz können mit unterschiedlicher Intensität in das Grundrecht eingreifen. Diese wird als regelmäßig gering zu beurteilen sein, wenn Modalitäten der Berufsausübung betroffen sind. Die Eingriffsintensität nimmt zu, wenn der subjektive Zugang zum Beruf betroffen ist. Schließlich ist die Eingriffsintensität sehr hoch, wenn die Zulassung zu einem Beruf an Faktoren anknüpft, die nicht in der Person des von dem Eingriff Betroffenen liegen, dieser also keinen Einfluss darauf ausüben kann.

Gewährleistet werden soll ein effektiver Grundrechtsschutz, insbesondere die Aufrechterhaltung des Kernbereichs der Berufsfreiheit. Dieses Anliegen verfolgt die Dreistufen-Theorie des BVerfG, indem es die Zulässigkeit eines Grundrechtseingriffs vom Vorliegen verschieden gewichteter Gründe abhängig macht. Eingriffe in Gestalt einer objektiven Berufszulassungsbeschränkung kommen dem Kern der Berufsfreiheit nahe und sind daher nur bei Vorliegen überragend wichtiger Gemeinschaftsgüter gerechtfertigt. Subjektive Zulassungsbeschränkungen können durch wichtige Gründe des Gemeinwohls gerechtfertigt sein, während Eingriffe in die Berufsausübung sich schon durch vernünftige Erwägungen des Gemeinwohls (Zweckmäßigkeit) rechtfertigen lassen. [43]

Auch die Wahl des Ausbildungsplatzes kann durch oder aufgrund eines Gesetzes eingeschränkt werden. Zwar bezieht sich die Schranke des Artikel 12 Absatz 1 Satz 2 GG ihrem Wortlaut nach nur auf die Berufsausübung, Artikel 12 Absatz 1 GG wird jedoch als einheitliches Grundrecht verstanden, da sich nach st. Rspr. des BVerfG in der Berufsausübung die Berufswahl immer wieder neu bestätigt (zuletzt BVerfG, NJW 2004, 2363 ff.). Da es sich regelmäßig (mindestens) um einen Eingriff auf der zweiten Stufe handelt, müssen die Anforderungen an die einschränkende Regelung aber entsprechend hoch sein. [44]

---

[43] vgl. HEMMER / WÜST / CHRISTENSEN – Juristisches Repetitorium, Seite 143
[44] vgl. PIEROTH / SCHLINK – Grundrechte Staatsrecht II, Seite 208